001

006

011

016

002

007

012

017

003

008

013

018

004

009

014

019

005

010

015

020

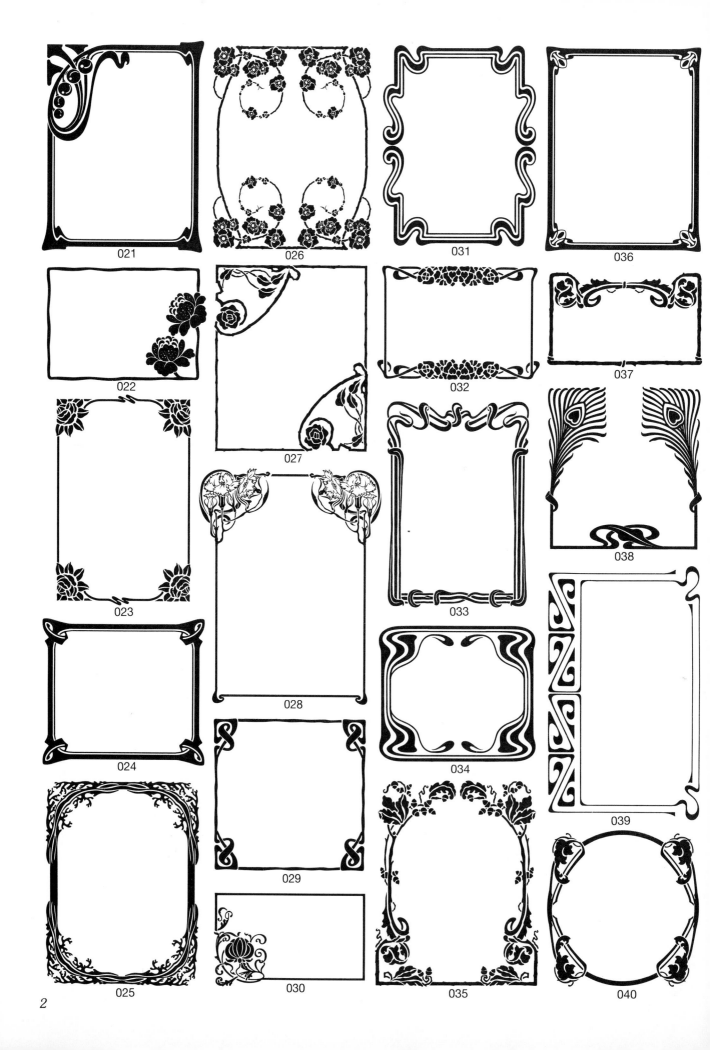

021

026

031

036

022

027

032

037

023

028

033

038

024

029

034

039

025

030

035

040

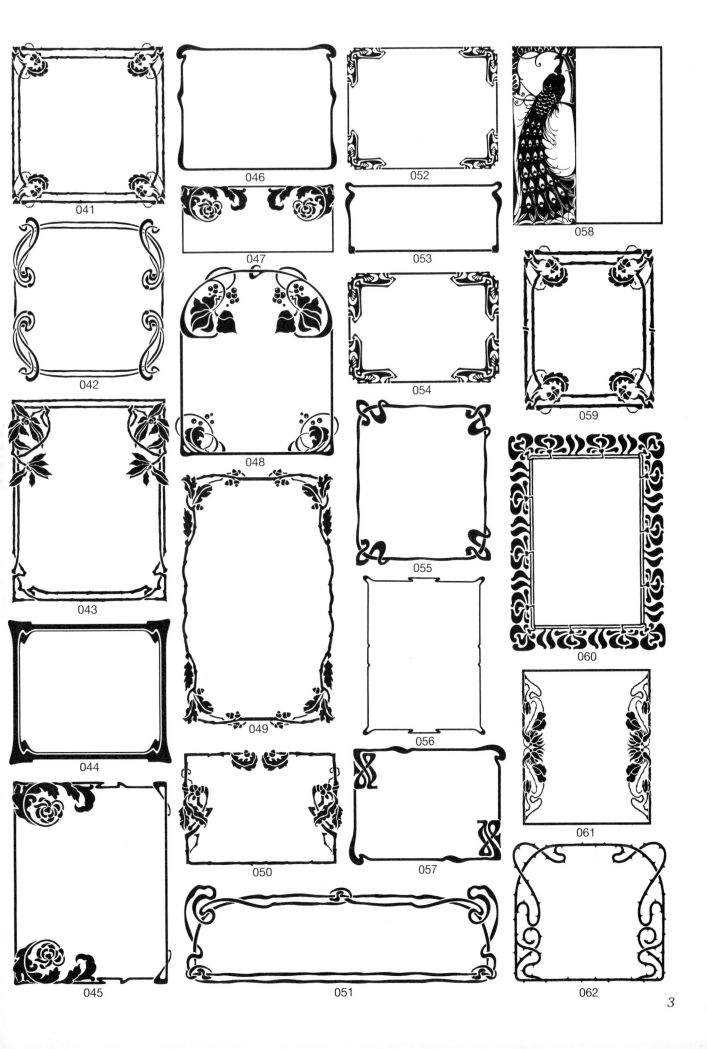

041

046

052

058

042

047

053

059

048

054

043

055

060

044

049

056

050

061

057

045

051

062

057

048

054

043

060

044

049

056

045

063

031

064

065

066

067

068

069

070

071

072

073

074

075

076

077

078

079

082

085

080

083

086

081

084

087

088

089

090

093

096

091

097

092

094

095

098

099

100

101

102

103

104

105

106

107

108

109

110

111

017

112

001

018

006

059

061

011

019

020

016

113

038

050

058

039

036

062

040

055

021

037

026

10

002

007

012

003

008

013

004

009

014

005

010

015

022

027

032

023

028

033

024

029

034

025

030

035

12

114

115

116

117

118

119

120

121

122

123

124

125

13

126

126

130

127

134

131

128

132

135

129

133

136

140

144

137

141

145

138

146

142

139

143

147

148

152

156

149

035

153

150

157

151

154

155

158

159

200

166

160

163

167

161

164

168

162

165

169

170

171

053

047

052

046

042

041

172

176

173

177

174

178

175

179

19

057

048

180

181

044

064

182

201

059

019

183

020

113

038

058

040

062

063

022

027

184

185

024

030

112

054

061

060

016

056

026

032

033

055

050

111

010

005

009

004

008

037

072

068

071

067

007

002

073

012

003

013

075

014

015

187

065

188

186

035

189

190

191

192

193

194

195

196

197

198

199

051